AF440339

LA BRUYÈRE

QUELQUES NOTES SUR SA VIE ET SES MOEURS

I

C'est presque toujours sans se laisser connaître eux-mêmes que les mora-
listes sont arrivés à une profonde connaissance des autres. Deviner autour de
soi le secret de tous les caractères et ne jamais dire le sien; avoir une exis-
tence cachée et publique tout ensemble; ramener chaque chose à soi sans
laisser échapper rien de soi-même au dehors; enfin marcher dans l'incognito
le plus muet au travers de ce monde qui s'agite et qui se dépense avec grand
bruit; le faire parler sans rien lui dire, voilà leurs façons d'être ordinaires,
leurs grands moyens d'observation. Était-ce par instinct, ou de parti pris,
qu'ils procédaient de cette sorte? Il serait difficile de le dire; mais ce qui est
certain, c'est que, par nature, l'observateur est silencieux, et que, par pru-
dence, il ne doit pas l'être moins. Lui qui gagne tant à bien écouter doit savoir, en effet, ce qu'il en coûte à se laisser entendre, et, par conséquent, se
tenir toujours en garde.

Si l'amour et la guerre n'eussent lancé la Rochefoucauld dans les affaires,
et ne l'eussent pour ainsi dire obligé de s'expliquer en des *Mémoires*, non
pas sur lui-même, il s'en est gardé de son mieux, mais sur un de ses rôles, que
saurait-on de lui? Presque rien. Si, de même, en sa qualité de comédien, Molière n'eût pas été un homme public, et ne se fût pas ainsi forcément offert,

comme point de mire, aux propos et aux anecdotes, qu'aurait-on appris de sa vie? Presque rien non plus.

Pour lui, comme pour la Rochefoucauld, mais pour lui surtout, ce qui manque, c'est une révélation intime, c'est une correspondance. Dans une lettre, à moins qu'elle ne soit de pure cérémonie et, par conséquent, obligée à n'être pas sincère, il s'échappe toujours quelque chose de l'homme. Il faut que là, malgré lui, il se fasse connaître. Ces grands silencieux le savaient bien, et ils semblent en avoir eu peur. Pour n'être pas infidèles à leur discrétion, ils ont donc peu écrit, même à des amis. De Molière, par exemple, il ne reste pas une seule lettre. Afin d'expliquer cette complète pénurie, on parle de destruction de papiers, d'incendie, que sais-je? Pourquoi n'en pas trouver plutôt la cause dans cette passion du silence dont était possédé le sublime observateur, et qui, le suivant même dans ses expansions d'amour ou d'amitié, devait faire qu'il n'était pas plus bavard par lettres que dans les conversations? Quant à moi, je n'en cherche pas la raison ailleurs, et c'est de la même manière que je m'explique aussi pourquoi nous avons si peu de lettres de l'auteur des *Caractères*, et pourquoi sa vie nous est si incomplétement connue.

II

Comme écrivain, comme observateur surtout, la Bruyère tient à Molière par plus d'un point; il n'est donc pas étonnant qu'il lui ait ressemblé comme homme par cette discrétion de causeur et d'épistolaire que nous remarquions dans le grand comique.

Jusqu'à ces derniers temps, on ne connaissait de la Bruyère que deux lettres : l'une à Santeul, que l'abbé Dinouart avait conservée; l'autre, plus récemment publiée, qu'il avait écrite à Bussy, et dont nous reparlerons lorsqu'il s'agira de sa candidature à l'Académie. Depuis lors, quelques autres lettres, dont il sera aussi question plus loin, ont été retrouvées, mais en très-petit nombre, malgré l'ardeur des amateurs d'autographes; de telle sorte que ces découvertes restreintes, et qui, j'en ai bien peur, ne se multiplieront plus, ne démentent en rien ce que j'ai avancé, à savoir, que la Bruyère ne céda point à l'une des modes de son époque, et fut de tous les correspondants le plus discret et le moins fécond. L'un de ses protecteurs, M. Phélypeaux de Pontchartrain, lui en fait reproche dans une lettre retrouvée aussi depuis peu d'années par M. Depping [1], et qui est venue ajouter quelques faits de plus à ceux beaucoup trop rares que l'on connaissait de lui.

[1] *Bulletin du Comité historique des monuments écrits de l'Histoire de France* (Histoire), t. II, p. 55.

Phélypeaux, en qualité de secrétaire d'État pour la marine, était obligé de passer souvent de longs mois loin de Paris et de la cour. Pour n'être pas sans nouvelles, et pour ressaisir de loin, ne fût-ce que par écho et par reflet, quelque chose de cette vie d'élégantes dissipations qu'il regrettait tant, il avait chargé la Bruyère de lui en écrire la chronique. Pour l'esprit, c'était bien s'adresser; mais, pour l'exactitude, non pas. Même en cette occasion, où il s'agissait de complaire à un homme dont l'amitié lui était de grande importance, la Bruyère eut une peine infinie à se départir de sa paresse. Il fallut plus d'un mois et demi pour qu'il se décidât à envoyer à Phélypeaux l'ombre d'un bulletin : « Sérieusement parlant, lui écrivit celui-ci pour lui en accuser réception, vous êtes un grand paresseux : depuis près de deux mois que je suis party, vous ne m'avez donné aucun signe de vie, et vous ne méritez que trop les reproches que je vous fais. Cependant je me sens trop de penchant à vous pardonner, pour ne pas excuser volontiers vos fautes passées, à la charge que vous vous corrigerez à l'avenir. J'ai leu avec un extrême plaisir toutes les nouvelles que vous m'écrivez de Chantilly [1], » etc.

III

Dans les entretiens, la Bruyère ne semble pas avoir apporté une plus grande abondance de paroles. Il écoutait avec la plus active attention, mais son tour de parler venait rarement. L'un de ses plaisirs, quand il se trouvait à Paris, était d'aller aux promenades voir ce qui s'y passait; c'est ainsi qu'il amassa jour par jour les précieux éléments de son chapitre de la *Mode;* entendre ce qui s'y disait, c'est ainsi qu'il glana bon nombre des observations semées dans les chapitres de la *Ville,* de la *Société* et de la *Conversation.*

La plupart des gens dont il a parlé, il les a pris là sur le fait de leur manie et de leur ridicule. Par exemple, lorsqu'il allait « étudier sur les bancs du Luxembourg et des Tuilleries la cour et la ville, » comme a dit le chartreux Bonaventure d'Argonne [2], qui a la sottise de lui en faire reproche, il voyait poser devant lui, s'agiter en des projets et des commérages de toute sorte et de toutes nuances, ces bandes de nouvellistes que personne n'a mieux représentées que lui. Je croirais volontiers que notre chartreux était du nombre de ces péroreurs en plein vent, car ils tenaient leurs séances non-seulement dans les grands jardins publics, mais aussi dans les cloîtres, aux Célestins, aux Augustins; et peut-être est-ce pour se venger du ridicule dont la Bruyère

---

[1] Cette lettre est du 5 juillet 1693.

[2] Dans ses *Mélanges,* publiés sous le pseudonyme de Vigneul-Marville, 1re édition, p 337.

avait collectivement chargé ses pareils et lui , que notre nouvelliste enroqué lança contre le livre des *Caractères* la diatribe que je viens de citer.

IV

Quand la Bruyère se trouvait avec des gens de sa valeur comme savoir, de sa trempe comme esprit, il s'échappait plus aisément et se révélait à peu près tel que son livre nous l'a fait connaître. L'abbé Fleury, qui lui succéda à l'Académie française, et qui fit son éloge en homme qui l'avait beaucoup pratiqué, a dit de lui, confondant dans une phrase flatteuse le causeur et l'écrivain : « En faisant les *Caractères* des autres, il a parfaitement exprimé le sien : on y voit une forte méditation et de profondes réflexions sur les esprits et sur les mœurs; on y entrevoit cette érudition qui se remarquoit, *aux occasions*, dans ses conversations particulières : car il n'étoit étranger en aucun genre de doctrine; il savoit les langues mortes et les vivantes. » Éloge complet sans doute, mais dans lequel il faut pourtant remarquer ces deux mots, *aux occasions*, qui semblent impliquer pour ces brillantes échappées de la Bruyère dans les entretiens quelque chose d'un peu exceptionnel.

Boileau, qui est un bon juge, et que cette impuissance de la Bruyère à toujours bien parler devait frapper d'autant mieux qu'il en était lui-même atteint quelquefois, va nous rendre témoignage des efforts que faisait l'auteur des *Caractères* quand il se prenait à parti pour trouver dans la conversation cet esprit qu'il a si vif et si soudain dans son livre : « Maximilien (c'est ainsi qu'il l'appelle, et je vous dirai pourquoi plus tard) Maximilien m'est venu voir à Auteuil et m'a lu quelque chose de son *Théophraste*. C'est un fort honnête homme et *à qui il ne manqueroit rien si la nature l'avoit fait aussi agréable qu'il a envie de l'être.* Du reste, il a de l'esprit, du savoir et du mérite [1]. » — Ainsi la Bruyère serait donc tombé ce jour-là dans le ridicule de ces pauvres gens toujours en travail d'esprit et de bons mots, dont Gresset a dit dans le *Méchant :*

> L'esprit qu'on veut avoir gâte celui qu'on a,

et qui lui avaient inspiré à lui-même, dans son chapitre *de la Société et de la Conversation*, cette phrase d'une compassion si impitoyable : « Tous sont contents d'eux-mêmes et de l'agrément de leur esprit, et l'on ne peut pas dire qu'ils en soient complétement dénués; mais on les plaint de ce peu qu'ils en ont, et, ce qui est pire, on en souffre! » Ce n'est pas impossible. Mais

[1] Lettre à Racine, du 19 mai 1687.

alors ce dut être aussi moins par inclination naturelle au bel esprit que par impuissance d'en avoir d'autre à ce moment-là. Si je ne me trompe, il devait être gêné devant les autres, comme les gens qui se plaisent dans l'intimité de leurs pensées; il devait avoir la timidité de ces hommes à l'observation continue, qui ne sortent jamais que violemment et — pourquoi ne pas le dire? — un peu gauchement de leur silence. La présence d'un personnage comme Boileau, qui imposait par son nom, qui effrayait par son tour d'esprit, l'aura contraint, et cela d'autant mieux que la visite était peut-être un peu intéressée par anticipation, et que la Bruyère, en lui parlant, songeait déjà peut-être à lui demander, ce qu'il eut plus tard, sa voix pour l'Académie. Toutes ces causes, paralysant en lui le libre usage du bon esprit, l'auront fatalement jeté dans le faux. De là le jugement de Boileau, qui, après tout, ne serait juste que pour la surface, et qu'il aurait eu par conséquent le tort d'émettre un peu trop vite, sans l'avoir approfondi. En m'ingéniant, j'en trouve une autre raison, et toute contraire. Ne se pourrait-il pas que la Bruyère eût été trop brillant dans cette conversation, et que Boileau, qui avait la vanité un peu envieuse de tous les causeurs à succès, ne lui eût point pardonné ce petit triomphe remporté sur lui-même? C'est probable encore et plus même que le reste, car la Bruyère l'a dit, peut-être au sortir d'un entretien semblable : « L'esprit de la conversation consiste bien moins à en montrer beaucoup qu'à en faire trouver aux autres : celui qui sort de votre entretien content de soi et de son esprit, l'est de vous parfaitement. Les hommes n'aiment point à vous admirer, ils veulent plaire ; ils cherchent moins à être instruits et même réjouis qu'à être goûtés et applaudis ; et le plaisir le plus délicat est de faire celui d'autrui. »

V

Il nous est arrivé, sur les façons d'être de la Bruyère, sur ses attitudes dans le monde, une révélation tout à fait imprévue et dont, je ne sais pourquoi, personne n'a fait encore son profit, toute curieuse qu'elle est. C'est ce passage du *journal inédit* de Galand, publié par la *Nouvelle Revue encyclopédique* [1]. On y verra que la Bruyère, lorsqu'il sortait de son mutisme et de son sérieux, ne se ménageait pas autant qu'on pourrait le croire, et qu'il allait même alors au delà de ce délicat et de ce contenu dont il a fait, à juste titre, le suprême de la politesse et du bon ton. Mais il suivait la loi commune et prouvait ainsi qu'en toute chose l'axiome sur l'avare en dépense est d'une justesse parfaite. Voici donc ce que Galand écrit :

[1] Mars, 1847, p. 486.

« *Mercredi*, 12 *septembre* 1714. — M. Fougères, officier de la maison de
Condé depuis plus de trente ans, disait que M. de la Bruyère n'était pas un
homme de conversation, et qu'il lui prenait des saillies de danser et de chanter,
mais fort désagréablement. »

Il y a là sans doute de quoi surprendre singulièrement; aussi n'ai-je pas
cru d'abord à ce propos de M. Fougères, et n'ai-je voulu y voir qu'une sorte
de commérage envieux, comme il devait tant s'en faire dans la domes-
ticité des Condé, où la Bruyère, qui la dominait de tout son esprit, n'était
pas fort aimé, comme nous en donnerons d'autres preuves. Depuis, cependant, il a bien fallu me rendre à la vérité du témoignage, car il m'en est
arrivé d'autres, qui, bien qu'indirectement, lui donnaient une confirmation
incontestable. Il s'agit des lettres de Phélypeaux, retrouvées par M. Depping,
et dont l'une a déjà été citée tout à l'heure. Il y est évident que la Bruyère,
lorsqu'il se décidait à écrire familièrement, se livrait à des gaietés, à des folies, disons le mot, tout à fait d'accord avec ces « saillies, » comme dit
M. Fougères, par lesquelles, dans le monde, il s'échappait brusquement de
son silence. — Phélypeaux lui écrit le 5 juillet 1694 :

« Si vous faites encore plusieurs voyages à Chantilly, je ne doute pas qu'il
soit un an qu'on ne vous mène haranguer aux Petites-Maisons; ce seroit une
fin assez bizarre pour le Théophraste de ce siècle... »

Le 28 août, après une nouvelle lettre non moins folle, il lui écrit encore :

« Si, par hasard, vous avez, monsieur, quelqu'un de vos amis qui vous con-
noisse assez peu pour vous croire sage, je vous prie de me le marquer par
nom et par surnom, afin que je le détrompe à ne pouvoir douter un moment
du contraire, je n'aurois pour cela qu'à leur montrer vos lettres; si, après
cela, il ne demeure pas d'accord que vous êtes un des moins sensés de l'Académie françoise, il faut qu'il le soit aussi peu que vous. Je n'ai pu encore
bien discerner si c'est la qualité d'académicien ou les honneurs que vous re-
cevez à Chantilly qui vous ont fait tourner la cervelle. Quoi qu'il en soit, je
vous assure que c'est dommage, car vous étiez un fort joli garçon qui donniez
beaucoup d'espérances. Si j'arrive devant vous à Paris, je ne manqueray pas
de vous faire préparer une petite chambre bien commode à l'Académie du
faubourg Saint-Germain[1]. J'auray bien soin qu'elle soit séparée des autres,
affin que vous n'ayez communication qu'avec vos amis particuliers, et que les
Parisiens, naturellement curieux, ne soient pas tesmoins du malheur qui
vous est arrivé. En attendant, vous pouvez penser, faire et écrire autant d'ex-
travagances que vous voudrez : elles ne feront que me réjouir; car les folies,
quand elles sont aussi agréables que les vôtres, divertissent toujours et dé-
lassent du grand travail dont je suis accablé. »

[1] Les Petites-Maisons.

Il serait bien intéressant de pouvoir lire les lettres de la Bruyère, qui ont laissé dans l'esprit de Phélypeaux une si singulière impression. Nous n'y retrouverions pas, sans doute, le penseur qui a écrit les chapitres les plus profonds du livre des *Caractères*, mais le caricaturiste spirituel et même un peu extravagant qui en traça quelques portraits, comme celui de Ménalque, par exemple; nous y ferions plus intime connaissance avec l'ami de ce fou de Santeuil, avec l'homme qui s'oubliait en ces folies de chant et de danse que l'officier de la maison de Condé lui reprochait tout à l'heure; et de même que le secret de l'homme, celui de son style aux allures parfois sautillantes et un peu dégagées, nous serait mieux révélé.

VI

La plus sincère franchise, car « il parlait toujours de cœur [1]; » une grande facilité à se plier au goût de tous, sans basse complaisance, mais avec je ne sais quelle obligeante souplesse d'esprit : tel semble avoir été le fond du caractère de la Bruyère dans le monde. S'il y allait, ce n'était point par penchant, car il préférait de beaucoup le calme de son cabinet et l'intimité de ses livres; mais s'y trouvait-il, quels que fussent les gens qu'il y rencontrât, il s'en accommodait, et même, quoi qu'en ait dit M. Fougères, il faisait en sorte que l'on s'accommodât de lui. Un homme de sa trempe ne s'ennuie jamais nulle part. L'observation, toujours en éveil chez lui, le sauve du désœuvrement même au milieu du cercle le plus désœuvré. Tel sot qui déplaît aux autres et à qui personne ne prête l'oreille est même souvent celui qu'il écoute le plus et dont il s'amuse le mieux. Mainte page charmante du livre des *Caractères* nous vient, j'en suis sûr, de quelques-unes de ces soirées ennuyeuses où tout le monde avait parlé, où personne n'avait écouté, sauf la Bruyère, cependant, qui seul aussi s'était amusé. Cette facilité de caractère dont je parlais tout à l'heure lui était singulièrement utile dans ces occasions, et je conseillerais même volontiers à tout observateur de se faire dans le monde une pareille habitude d'esprit. Quand on se trouve, en effet, avec quelqu'un d'aussi engageante apparence, on ne se défie guère, on se livre même. Ne trouvant point en lui un de ces contradicteurs qui font violence au goût, aux façons d'être de chacun, l'on s'abandonne à cœur ouvert, on pense tout haut, et c'est là que, blotti dans son silence complaisant, c'est là que le traître vous attend. Vous y alliez en pleine confiance avec ce brave homme; mais vous comptiez sans l'écrivain qui le double, et qui, rentré

<hr>

[1] Lettre d'un anonyme à l'abbé Bossuet, sur la mort de la Bruyère. (*Revue rétrospective*, 31 octobre 1836, p. 141.)

chez lui, va bel et bien vous coucher tout vif sur la page blanche. J'ai dit que la Bruyère était la sincérité même : oui, lorsqu'il parlait ; mais lorsqu'il écoutait, c'était autre chose.

L'abbé d'Olivet [1] nous fait foi de cette facilité d'esprit que la Bruyère apportait dans le monde, de cette obligeance à s'accommoder au goût de tous. « On me l'a dépeint, dit-il, comme un philosophe... ne cherchant ni ne fuyant le plaisir ; toujours disposé à une joie modeste et ingénieux à la faire naître ; poli dans ses manières et sage dans ses discours ; craignant toute sorte d'ambition, même celle de montrer de l'esprit. » Ce dernier point était important pour un homme comme la Bruyère ; je dirai même que j'y trouve moins une preuve de modestie qu'un nouveau moyen d'observation. Se dépenser en esprit, c'est souvent faire taire celui des autres, que l'envie de mieux faire paralyse aussitôt, et qui, faute de trouver la réplique, ne parlent plus, mais qui gardent rancune à celui qui accapare la parole : c'est donc perdre de toutes les manières. Aussi la Bruyère devait-il s'en garder. Une seule fois, vous l'avez vu lors de sa visite à Boileau, il se départit de l'habitude prudente qu'il avait prise de voiler son esprit et de n'en faire paraître que ce qu'il fallait pour n'offusquer personne : vous savez ce qu'il y gagna [2].

Dans le monde, et c'est une preuve que rien des futilités obligées ne répugnait à ses commodes dispositions d'esprit, la Bruyère allait jusqu'à consentir à jouer ; lorsqu'on l'en priait bien sans doute, car je ne pense pas que son goût l'y portât jamais volontiers. Dans les grands galas de Chantilly, il se risquait jusqu'au lansquenet, et, tout surpris de ses prouesses, il en écrivait à Phélypeaux. Celui-ci, dans sa lettre que j'ai citée déjà, l'en raille un peu, ainsi que de quelques-unes des autres nouvelles que la Bruyère lui avait mandées. « Il y en a telles qui m'ont fait trembler, lui dit-il, et surtout l'aventure de la demoiselle... et de ce que vous êtes *un des plus rudes joueurs de lansquenet* qui soient au monde. Il ne vous faut plus que cela pour devenir tout à fait fou. »

Jouer est fort bon ; mais jouer gros jeu, c'est différent, et je ne pense pas que la Bruyère fût jamais assez en argent et surtout assez en humeur hasardeuse pour s'y risquer, lui qui a dit : « Je permets à un fripon de jouer un grand jeu, je le défends à un honnête homme ; c'est une trop grande futilité que de s'exposer à une grande perte [3]. » Bien jouer est autre chose aussi, et je ne crois pas que ce fût l'un des talents de notre moraliste. Il me semble même qu'il y a dans les lignes suivantes je ne sais quel aveu de joueur malha-

---

[1]. *Histoire de l'Académie française*, in-4°, p. 177.

[2] M. Sainte-Beuve, dans sa *Notice sur la Bruyère*, la plus ingénieuse qui ait été faite, comme on l'a fort bien remarqué dans la *Revue rétrospective*, *loc. cit.*, p. 135, est de notre avis au sujet de l'opinion que Boileau porta de notre auteur en cette circonstance.

[3] *Des biens de fortune*, § 75.

bile, mécontent des déconvenues qu'une foule de sottes gens, ayant l'*esprit
de jeu* faute d'autre, auraient évitées : « Ne faut-il ni prévoyance, ni finesse,
ni habileté pour jouer l'hombre ou les échecs? et, s'il en faut, pourquoi voit-
on des imbéciles qui y excellent, et de très-beaux génies qui n'ont pu même
atteindre la médiocrité, à qui une pièce ou une carte trouble la vue et fait
perdre la contenance? »

VII

La plus belle partie de la vie de la Bruyère, la mieux employée surtout,
je ne dis pas comme étude des livres, mais comme étude des hommes, est
celle qu'il passa dans la maison de Condé. La plupart des observations qu'il
a jetées à pleines mains dans son ouvrage viennent du temps où, placé au
milieu de ce grand monde si divers en originaux, il fut à même de tout voir
avec cette avidité curieuse qui le prit dès les premiers jours et qui ne le
quitta plus. La lecture l'avait fortement mûri, mais l'observation pratique
lui manquait. En un mot, il sortait des livres et entrait chez les hommes.
Il arrivait profond et naïf tout ensemble, c'est-à-dire possédant, avec un
immense besoin de regarder, l'admirable don de bien voir et celui, plus rare
encore, de bien formuler ce qu'il avait vu. Sans ce long séjour dans un tel
milieu, où, dès qu'il y fut entré, tout sembla vivre et s'agiter pour lui, il ne
fût certainement pas devenu aussi complet comme expérience d'esprit. Sans
doute il aurait pu, avant 1680, époque de son admission à l'hôtel de Condé,
publier sa traduction de *Théophraste;* mais donner dès lors son véritable
ouvrage, les *Caractères ou les Mœurs de ce siècle,* c'eût été impossible.
Aussi ne le fit-il imprimer qu'après huit ans passés chez *ses altesses,* comme
il les appelle[1]. Si l'idée du livre était d'un savant qui, après avoir traduit
son auteur, veut l'imiter pour son siècle et lui donner un pendant, la mise
en œuvre était d'une tout autre nature : elle exigeait un écrivain homme du
monde. C'est ce que fut la Bruyère, mais, je le répète, du jour seulement
où il entra dans la maison de Condé.

Auparavant, sa vie avait été très-simple et assez peu en évidence; elle
s'était écoulée dans le calme et les loisirs d'une médiocrité moins dorée que
studieuse, avec quelques amis et des livres en plus grand nombre. Trop
heureux de l'étude pour s'y montrer morose, la Bruyère restait souriant même
à ceux qui venaient le distraire. C'est de lui-même qu'il parlait quand il a
fait dire au Philosophe : « Venez dans la solitude de mon cabinet, je ne vous

[1] Voyez sa lettre à Bussy, publiée pour la première fois dans la *Revue rétrospective,*
31 octobre 1836, p. 136.

remettrai point à un autre jour ; vous me trouverez sur les livres de Platon...
Entrez, toutes les portes sont ouvertes ; mon antichambre n'est pas faite
pour s'y ennuyer en attendant ; passez jusqu'à moi sans me faire avertir :
vous m'apportez quelque chose de plus précieux que l'or et l'argent, si c'est
une occasion de vous obliger. » Tableau d'une grâce exquise, que cet envieux
de Bonaventure d'Argonne aurait bien voulu parodier, mais dont il n'a fait
qu'augmenter le charme en le rapprochant de la réalité, c'est-à-dire en nous
montrant le vrai modèle après la copie, la Bruyère lui-même au milieu de
ses livres : « Il n'y avait qu'une porte à ouvrir, dit-il, et qu'une chambre
proche du ciel, séparée en deux par une légère tapisserie. Le vent, toujours
bon serviteur des philosophes, courant au-devant de ceux qui arrivaient et
retournant avec le mouvement de la porte, levait adroitement la tapisserie
et laissait voir le philosophe, le visage riant et bien content d'avoir occasion
de distiller dans l'esprit et le cœur des survenants l'elixir de ses méditations. »
Voilà bien, sauf l'insinuation un peu malveillante du dernier trait, oui,
voilà bien la Bruyère lui-même dans la joie désintéressée de ses constantes
études, y prenant du plaisir, comme tant d'autres y prennent de la peine,
mais y devenant plus souriant, tandis que ceux-ci en sortent plus moroses.
La Harpe s'est donc singulièrement mépris, à mon sens, lorsque, au lieu de
trouver dans ce double tableau la véritable physionomie de la Bruyère et sa
vraie manière de comprendre et de pratiquer le métier des lettres, il a cru
devoir chercher l'homme et ses sentiments dans cette page chagrine : « Qu'on
ne me parle jamais d'encre, de papier, de plume, de style, d'imprimeur,
d'imprimerie. . Je renonce à tout ce qui a été, qui est et qui sera livre...
Suis-je mieux nourri et plus lourdement vêtu, suis-je dans ma chambre à
l'abri du nord, ai-je un lit de plumes après vingt ans entiers qu'on me
débite dans la place? J'ai un grand nom, dites-vous, et beaucoup de gloire ;
dites que j'ai beaucoup de vent qui ne sert à rien. Ai-je un grain de ce métal
qui procure toutes choses? » C'est ainsi que parle l'Antisthène des *Caractères ;* mais, quoi qu'en ait dit la Harpe, ce n'est pas pour lui-même que
la Bruyère le fait parler ainsi ; ce ne sont pas ses propres sentiments qu'il lui
prête. Qui donc alors avait-il en vue? me direz-vous ; quel est celui des let-
trés ses contemporains à qui ce langage puisse appartenir avec vraisemblance?
Ce ne serait malheureusement pas difficile à découvrir, et il n'y aurait d'embar-
ras que dans le choix à faire. Pour moi, s'il fallait me décider, je dirais qu'il
s'agit de P. Corneille, mort depuis six ans quand ce passage parut dans la
cinquième édition des *Caractères*, et qui avait laissé, il faut bien le dire,
une réputation d'avarice presque égale à celle de sa pauvreté. L'une même,
pour quelques clairvoyants, avait un peu empêché de croire à l'autre, parce
qu'elle en exagérait les apparences misérables. Peut-être, dans la société de
Thomas Corneille et de Fontenelle, ne se méprit-on pas sur l'allusion, et

comme elle venait d'un homme qui tenait à la coterie de Racine — il le prouva un peu plus tard — on n'en voulut voir que le mauvais côté, non pas celui de la commisération pour la misère du poëte, mais celui du reproche pour son trop vif amour du gain. Il se pourrait que les bonnes relations qui jusqu'a-lors avaient existé entre la Bruyère et Fontenelle eussent cessé à partir de ce moment.

Quant à vouloir trouver dans ce passage l'expression des sentiments de la Bruyère, c'est absurde, encore une fois. Il n'avait jamais été dans la situation de l'homme qu'il y fait parler. Il n'avait jamais songé à vivre de sa plume; il n'en avait jamais eu besoin. Avant d'entrer chez M. le Prince, il avait une charge de conseiller du roi, trésorier de France à Caen, et il s'était ainsi trouvé fort au-dessus de la position nécessiteuse qui aurait pu seule légitimer les plaintes dans lesquelles la Harpe croyait le reconnaître tout à l'heure. Seulement, comme ces fonctions, qui consistaient à aider l'intendant de la province dans la levée des impôts, devaient lui répugner, pour peu qu'il mît de zèle et de conscience à les exercer, il n'est pas surprenant qu'il se soit empressé de les quitter pour une charge, moins relevée en apparence et même presque domestique, mais bien mieux en harmonie avec les constantes aspirations de son esprit et ses études.

Appelé par le grand Condé à donner des leçons d'histoire à son fils, comme nous l'apprend d'Olivet, on conçoit qu'il n'ait pas hésité et que, pour rentrer ainsi dans son cher domaine par la grande porte, pourrait-on dire, et d'une façon définitive. — car, introduit chez les Condé comme précepteur, il y resta toujours comme homme de lettres avec mille écus de pension — il ait bien vite dit adieu à cette sphère fiscale dans laquelle, pour faire son devoir, il lui fallait être impitoyable. Sa douce et obligeante nature s'en était toujours révoltée, et sa pensée n'y revint jamais qu'avec une sorte d'horreur.

« Il faut, dit-il (sans qu'on ait encore remarqué qu'il parlait ainsi d'expérience et comme ayant lui-même été forcé d'exercer les rigueurs qu'il déplore), il faut des saisies de terres et des enlèvements de meubles, des prisons et des supplices, je l'avoue, mais justice, lois et besoins à part, ce m'est une chose toujours nouvelle de contempler avec quelle férocité les hommes traitent d'autres hommes. »

VIII

Le grand Condé vécut près de sept ans encore après l'arrivée de la Bruyère dans sa maison. Celui-ci put donc le bien connaître[1]; plus que personne il

---

[1] M. le duc d'Aumale possède, dit-on, quelques lettres de la Bruyère au grand Condé.

fut à même de le bien peindre. C'est ce qu'il fit, dit-on, lorsqu'il crayonna le portrait d'*Émile*, où l'on n'a trouvé à reprendre que l'exagération d'un éloge confondant sur une même figure héroïque les traits de deux héros, ceux qui appartiennent à Turenne et ceux qui sont propres à Condé. La critique est juste. mais on n'eût dû la faire que si la Bruyère eût dit nettement en tête de son chapitre : « Je vais peindre le prince de Condé ; » et elle tombe d'elle-même, au contraire, lorsqu'on se rend compte de l'intention de l'écrivain, qui, au lieu de tracer des portraits, comme, en son temps surtout, chacun s'obstinait à le croire, faisait plus, c'est-à-dire créait des types et pouvait s'arroger ainsi le droit donné à tous les peintres de composer une seule figure avec mille traits épars. Quand on s'est bien édifié sur le secret du procédé de la Bruyère, on ne trouve plus dans le portrait d'*Émile* un éloge aussi exagéré de Condé. Loin de là, il peut même sembler aux clairvoyants que ces vertus empruntées à d'autres et ajoutées aux siennes pour compléter le type, sont là comme l'indication un peu malicieuse de toutes celles dont on remarquait l'absence chez ce héros, grand sans doute, mais incomplet. J'y trouve encore une critique plus directe. Elle est dans la phrase qui termine le portrait, et dans laquelle le prince de Condé — car là c'est bien lui — nous est présenté comme un homme « à qui il n'a manqué que les moindres vertus. » On n'y a vu qu'une antithèse ; c'est tout autre chose à mon sens. La bonté, l'indulgence, la facilité de mœurs, la douceur dans le commandement, voilà « ces moindres vertus » dont la Bruyère veut parler, et je conçois que lui qui avait été de sa maison, qui l'avait connu comme maître, il n'ait pu s'empêcher de remarquer qu'elles manquaient chez M. le Prince, un peu tyran domestique, comme tous les héros.

Vous voyez que, même aux endroits où on lui reproche d'avoir outré l'éloge, la Bruyère sait encore garder son libre arbitre, et que chez lui l'observateur ne perd jamais ses droits. Avec le nouveau prince de Condé, auquel il resta attaché, avec M. de Conti, qu'il lui fut donné de connaître tout autant, il ne s'astreignit pas, je dis la plume en main, à moins d'observation, à plus d'adulation. Grâce à la largeur du cadre qu'il avait adopté, il put faire entrer dans ses tableaux tout ce qu'il avait vu, tout ce qu'il avait remarqué, même chez *ses altesses*. En un mot, la satire presque directe de leurs vices et de leurs ridicules lui devint possible. Aurait-il pu la faire, même sous forme de discrète allusion, s'il eût cherché, comme on l'a dit, à faire des portraits? Non, certes ; car prendre à tâche de particulariser des ressemblances, c'est, dès l'abord, s'interdire la sincérité et s'obliger à la flatterie.

Pour la partie de son livre qui traite des *Grands*, ceux qu'il avait pour maîtres lui servirent plus qu'aucuns. Sans qu'ils s'en doutassent jamais, sans qu'ils eussent même à lui en garder rancune, tant les traits qui leur furent empruntés se perdirent, habilement confondus, dans l'ensemble du type, ils posèrent devant lui, journellement et sous tous leurs aspects.

Que vous semble, par exemple, de ce trait? « Un grand aime la Champagne, abhorre la Brie; il s'enivre de meilleur vin que l'homme du peuple : seule différence que la crapule laisse entre les conditions les plus disproportionnées, entre le seigneur et l'estafier. » N'y retrouvez-vous pas M. de Conti, ce prince qui fit de si belles débauches et qui, selon Saint-Simon, *poussait* si bien *de vin de Champagne* le *victorin* Santeul son bouffon? J'ai pensé malgré moi, en relisant ce passage, au petit souper de Dijon dont les dernières gaietés furent couvertes par le râle du poëte agonisant. On avait versé dans son verre une pleine boîte de tabac d'Espagne. Saint Simon, si cruel pour ces princes, accuse nettement M. de Conti lui-même de cette horrible espièglerie. Rien ne le prouve, M. Sainte-Beuve l'a déjà dit, en s'autorisant dans son doute d'une page de la Mounoie, où se trouve le récit détaillé de la mort de Santeul. Je ferai plus, je nierai, et afin de donner à l'allégation du médisant chroniqueur un démenti qui ne soit pas suspect, c'est à un livre capable de lutter de méchanceté et de calomnie avec ses *Mémoires*, c'est à un pamphlet que j'en appellerai contre lui. Je le combats, comme vous voyez, à armes égales. Voici donc ce que je lis dans un des plus sanglants petits livres de ce temps-là, dans ce *Pluton maltôtier*[1] qui n'épargne, comme on sait, ni la cour, ni la ville, ni les princes, ni les financiers : « Un moine de Saint-Victor, mort empoisonné en buvant avec des dames de la première qualité qui mêlèrent dans son vin du sel, du tabac et autres mauvaises drogues. » C'est décisif; il est évident que, si le coupable eût été M. de Conti, notre petit livre ne lui eût pas marchandé une bonne dénonciation. Mais, tout pamphlet qu'il fût, il était sans doute ici moins intéressé à mentir que Saint-Simon, et il dit la vérité.

La Bruyère était mort depuis un an quand Santeul, son ami, son pauvre *Théodas*, eut cette fin étrange. Si, au lieu de le devancer, il lui eût survécu, peut-être aurait-il, en quelque phrase acérée, fait allusion à cet événement sinistre. C'était, en effet, pour de pareilles choses qu'il ne manquait jamais de s'en prendre à la licence sans frein des gens de cour et à la manière dégagée et cruelle avec laquelle ils faisaient bon marché de tout, même de la vie des gens qui les entouraient. Il avait eu sans doute à souffrir lui-même de ces façons d'être si superbement agressives, et il aurait certainement saisi l'occasion de s'en venger une bonne fois. Il avait de même beaucoup pâti de leur vanité : aussi ce qu'elle avait de provoquant et d'exagéré ne fut-il pas toujours impuni avec lui. Parfois même il alla, ce me semble, un peu loin ; au lieu de la gourmander seulement dans ses écarts, il vint l'attaquer jusque

---

[1] Cologne, 1708, in-12, p. 84.

dans les actions louables auxquelles elle peut entraîner : « Nous faisons, par vanité et par bienséance, dit il, les mêmes choses et avec les mêmes dehors que nous ferions par inclination ou par devoir. Tel vient de mourir à Paris de la fièvre qu'il a gagnée à veiller sa femme qu'il n'aimait point. » C'est impitoyable, et si l'on songe qu'en écrivant ce passage, il ne pouvait que penser et faire penser au duc de Conti, père de celui dont il vient d'être question, et qui en effet était mort en soignant de la petite vérole sa femme qu'il n'aimait pas, on conviendra que dans ses allusions la Bruyère ne manquait pas d'audace, même contre les plus puissants.

Le prince de Condé, celui dont la Bruyère dépendait plus directement, a son portrait complet dans les *Caractères*, mais non pas tout entier en une seule fois. Ce sont mille fragments, au contraire, épars et menus comme les morceaux d'un miroir brisé. Il n'eût fallu que les réunir et, ainsi rapprochés, les apporter au prince. Du premier coup d'œil il se fût reconnu. Je ne sais si quelqu'un s'avisa de lui présenter cette curieuse ressemblance faite de pièces rapportées. En tout cas, ce ne fut pas la Bruyère.

De ces débris, j'en vais prendre quelques uns les moins frustes, les plus amples, afin que l'homme puisse au besoin s'y mirer tout entier : « Il y a des hommes nés inaccessibles, et ce sont précisément ceux de qui les autres ont besoin, de qui ils dépendent ; ils ne sont jamais que sur un pied ; mobiles comme le mercure, ils pirouettent, ils gesticulent, ils crient, ils s'agitent ; semblables à ces figures de carton qui servent de montre à une fête publique, ils jettent feu et flamme, tonnent et foudroient. On n'en approche pas, jusqu'à ce que, venant à s'éteindre, ils tombent, et par leur chute deviennent traitables, mais inutiles. »

C'est là M. le Prince tout entier. Pour que vous n'en doutiez pas, relisez le portrait que Lassay en a tracé de main de maître aussi, et que M. Sainte-Beuve [1] nous a fait connaître ; détachez-en, par exemple, ces quelques traits, et vous arriverez à la même ressemblance : « Il est tout le jour enfermé sous je ne sais combien de verrous, avec quelqu'un de ses secrétaires ; et ceux qui ont affaire à lui, après avoir cherché longtemps, trouvent à peine dans une garde-robe quelque malheureux valet de chambre, qui souvent n'oserait les annoncer ; si bien qu'ils sont des deux ou trois mois sans lui pouvoir parler. Sa femme et ses enfants n'oseraient pas même entrer dans sa chambre qu'il ne le leur mande. » Voilà bien l'homme *inaccessible* de tout à l'heure. Voici maintenant l'homme qui jette feu et flamme : « Quand sa fureur l'agite, ceux qui ne le connaissent point et qui l'entendent parler croient qu'il va tout renverser. » Le voulez-vous apaisé, *éteint*, comme la Bruyère vous le montrait tout à l'heure, écoutez encore M. de Lassay : « Il grossit des bagatelles,

<hr>

[1] *Causeries du lundi*, p. 152, 153.

dit-il, et en fait une affaire importante. Cependant il est si faible et si léger, que tout cela s'évanouit, et il ressemble assez aux enfants qui font des bulles de savon. »

Pour d'autres points, la Bruyère est encore tout à fait d'accord avec M. de Lassay, au sujet de cette maison de Condé où l'on avait à pâtir de tout le monde, du maître comme des valets. « Les cabales de leurs petites cours, dit celui-ci... l'insolence de leurs valets, avec lesquels il ne faut jamais se commettre et dont il est bien plus sage de souffrir, tout devient insupportable. » Ce qui revient, en d'autres termes, à ce que dit la Bruyère : « Le suisse, le valet de chambre, l'homme de livrée... mettent tous ceux qui entrent par leur porte et montent leur escalier, indifféremment, au dessous d'eux et de leurs maîtres, tant il est vrai qu'on est destiné à souffrir des grands et de ce qui leur appartient. »

Malgré la lassitude et le dégoût que ces remarques semblent accuser de sa part pour la maison et pour le maître, la Bruyère resta jusqu'à sa mort chez le prince de Condé, fidèle serviteur, exact, pas trop maugréant, sauf ces boutades qu'il ne se permettait, d'ailleurs, que la plume en main et parce qu'il pouvait penser qu'on n'en verrait pas le véritable but et que chacun les appliquerait à la maison de grand seigneur dont il aurait à se plaindre. Son esprit facile, comme je l'ai dit, et sans grande résistance, me semble même s'être volontiers plié aux exigences d'opinion qui faisaient loi chez les Condé, et qui, formulées comme un mot d'ordre par la bouche du maître, fort expert d'ailleurs aux choses d'esprit, Saint-Simon lui même en convient, régissaient de haut le goût de tout l'entourage.

L'hôtel de Condé et Chantilly avaient toujours fait un peu d'opposition aux Tuileries et à Versailles. La petite cour ne voulait pas s'avouer qu'elle singeait la grande : elle aimait mieux se faire l'honneur de rivaliser avec elle dans les affaires de magnificence, de fêtes, de *galas* — M. le Prince y excellait — et de littérature. On avait ses beaux-esprits, comme à Versailles, et, puisque la Bruyère était du nombre, j'avoue que ceux de M. de Condé ne le cédaient guère à ceux du roi. Quelques-uns, comme Racine et Boileau, étaient des deux cours; mais, le plus souvent, il n'y avait point partage : celui qui était en faveur dans l'une, n'était rien moins que célébré dans l'autre. Ce fut, par exemple, ce qui arriva pour Molière, qui, triomphant à Versailles, ne fut jamais favorisé des mécènes de Chantilly. Il y eut une circonstance où l'antagonisme de l'une et l'autre cour, à son sujet, éclata dans toute son évidence. Molière venait de donner l'*Impromptu de Versailles*. Montfleury, qui était tout à fait à la dévotion de M.-le Prince, riposta sans désemparer par l'*Impromptu de l'hôtel de Condé*. Ces deux titres disent tout. Or les idées ne changèrent point chez M. le Prince au sujet du grand comique, même lorsqu'il fut mort. J'en pourrais citer, entre autres preuves, plusieurs passages de la Bruyère, qui, subissant l'influence rancunière de la maison, et peut-être se laissant aussi aller à quelques-unes des hostiles inspirations de Bossuet qui l'y avait patronné, ne put se défendre des critiques un peu minutieusement acerbes dont il atténue trop son admiration pour l'auteur du *Tartufe*. Son portrait d'*Onufre*, écrit évidemment en haine de ce chef-d'œuvre, m'apparaît, par exemple, comme une sorte d'autre *impromptu de l'hôtel de Condé*.

IX

J'ai tout à l'heure parlé de M. de Lassay; il me faut le reprendre, à cause des relations qu'il dut avoir avec la Bruyère chez les Condé

Il était leur parent, un peu du côté gauche, il est vrai : comme dit M. Sainte-Beuve, la Bruyère n'était que leur domestique; mais l'esprit dut bientôt les mettre sur le pied d'une certaine intimité de pensées et de conversation. Il connut le fils aussi sans doute, ne fût-ce que dans une circonstance, où il lui rendit le plus délicat des services en s'obligeant peut-être lui-même.

Une des femmes les plus charmantes et les plus spirituelles de ce temps-là, madame de Boislandry, était actionnée en séparation par son mari pour la raison la plus étrange. La dame était galante; elle avait eu pour amant Chaulieu, qui, dans ses vers, donnant un anagramme gaillard de son nom de Catherine, l'appelait *Ricanète*; elle avait même été peut-être aimée de la Bruyère, qui, plus grave, reprit pour elle l'anagramme d'*Arthénice*, inventé par Malherbe pour madame de Rambouillet; enfin, comme tant de femmes dont l'âge mûrit, elle s'était éprise d'une belle passion de fruit vert : elle avait pris le jeune M. de Lassay[1]. Le mari s'était fâché de tous ces commerces; mais, au lieu de rompre à l'amiable, il avait commencé devant le parlement les plus brutales poursuites. En se séparant de bon gré, il lui eût fallu rendre la dot, et c'est ce qu'il ne voulait pas. Pour s'en dispenser donc, il inventait cette belle fable : « Les relations avec sa femme étaient si dangereuses, que sa santé en était compromise. » Sur la demande même du père, qui prit un parti héroïque, on en vint aux preuves, et la dame en sortit triomphante, mais confuse. De pareilles victoires sont de celles dont il faut se faire réhabiliter; car les chansons satiriques en sont fatalement les fanfares. Elles tombèrent comme grêle sur la pauvre femme. La Bruyère se dévoua pour y répondre. Son livre était dans toute l'ardeur non encore attiédie d'un succès

[1] M. Walckenaër s'est trompé lorsque, dans son édition de *La Bruyère*, p. 724 et 725, il a donné Lassay le père pour amant à madame de Boislandry.

commencé pourtant depuis plus de cinq ans. Chaque édition en était avidement attendue comme une œuvre nouvelle, à cause des pensées, des pages imprévues qu'il ne manquait jamais d'y ajouter. Il mit cette publicité immense et respectée au service de la réputation de madame de Boislandry. Quand parut, en 1694, la huitième édition, on put lire dans le chapitre des *Jugements*, sous ce titre vague, *Fragment*, le portrait d'*Arthénice*. Au lieu d'une de ces pages à la malice voilée sous lesquelles chacun était heureux de guetter et de deviner une victime de sa connaissance, on trouva une apologie, une réhabilitation. Personne ne s'y trompa, malgré tout le bien qui s'y trouvait dit pour madame de Boislandry, et de la façon la plus charmante. Tout le monde la reconnut et lui applaudit, même ses anciens amants. Il fallait donc que, bien que très-flatteur, le portrait fût vrai. Ainsi Chaulieu, qu'elle avait quitté, et qui était en droit de lui garder rancune, ne put s'empêcher de donner son approbation au jugement de la Bruyère, et de le ratifier pour ainsi dire par cette note mise au bas d'une *lettre de la Faye* dans une édition de ses propres œuvres : « M. de la Bruyère l'a célébrée dans ses *Caractères* sous le nom d'*Arthénice*, et c'est pour elle que l'amour m'a dicté une infinité de vers que j'ai faits. C'était, en effet, une des plus jolies femmes que j'aie connues, qui joignait à une figure très-aimable la douceur de l'humeur et tout le brillant de l'esprit. »

La Bruyère, dans cette circonstance, avait rendu le plus inappréciable service à madame de Boislandry ; mais, d'un autre côté, était-ce bien, comme je l'ai dit, le jeune M. de Lassay, son nouvel amant, ou lui-même, qu'il avait voulu en même temps obliger ? Était-il enfin, en prenant cette défense, aussi désintéressé que Saint-Simon semble dire qu'il le fut toujours ? Je ne sais ; mais il est évident, comme l'a pensé M. Walckenaër [1], que le moraliste, à qui il est échappé de dire dans la tendresse de son admiration : « Il y a en elle de quoi faire une parfaite amie, il y a aussi de quoi vous mener plus loin que l'amitié, » ne demandait qu'à faire ce dernier chemin sous le regard bienveillant d'*Arthénice*.

Ce n'est pas l'unique attachement que nous pourrions lui trouver. Une note, que l'on croit être du père Bougerel, et qui fut recueillie par Adry dans son histoire manuscrite de l'*Oratoire* conservée aux *Archives de l'Empire*, nous donne, sur une autre *amitié* de la Bruyère, un renseignement d'une brièveté très-discrète, mais que l'on peut, je crois, facilement étendre et éclaircir par le commentaire. Il y est dit que « madame la marquise de Belleforière, *de qui il était fort l'ami*, pourrait donner quelques mémoires sur sa vie et son caractère. » Pesez chaque mot, et vous verrez que notre oratorien a dit beaucoup sans avoir l'air de parler. La Bruyère était donc *fort*

---

[1] Voyez son édition des *Œuvres de la Bruyère*, IIᵉ partie, p. 726.

l'ami de la marquise, et elle en savait sur lui plus que personne; elle seule pouvait même guider l'œil du curieux dans les secrets de cette vie si bien fermée. Que dirait-on de plus de l'amie la plus intime, d'une maîtresse? Que dirait-on de plus de madame de la Sablière, par exemple, ou de madame Ulrich au sujet de la Fontaine? Continuons. Cette marquise de Belleforière-Soyecourt avait deux fils : l'un et l'autre sont tués à Fleurus; aussitôt la Bruyère prend la plume, et, dans l'édition de son livre qui suit ce triste événement, il donne une consolation publique à la douleur de cette mère; dans la touchante prosopopée : « Jeune Soyecourt, je regrette ta vertu... » il décerne une sorte d'apothéose à celui de ses fils qu'elle semble avoir préféré. Ce n'est qu'un détail, mais qui prouve au moins tout ce que son amitié avait d'attentif et de dévoué.

Voici qui est plus décisif. L'époux de la marquise s'appelait *Maximilien*; or, vous vous en souvenez, c'est ce nom-là que Boileau donne à la Bruyère dans sa lettre à Racine. Le narquois se comprenait bien, et savait qu'il serait compris. Pour lui comme pour Racine, comme pour beaucoup d'autres sans doute, la Bruyère, ayant pris auprès de la marquise tous les droits du marquis, pouvait bien, par surcroît, prendre son *petit nom*. Je ne sais si j'ai deviné juste, mais il est certain que jusqu'ici personne n'a trouvé la raison de ce *sobriquet* donné par Boileau à la Bruyère, et n'a même tâché de la découvrir, tant la recherche en paraissait difficile.

Cette liaison de notre moraliste fut-elle la dernière? Un passage non encore remarqué des *Mémoires de Maurepas* [1], auxquels je veux croire en cette circonstance, car ils furent faits avec des papiers provenant en partie des Pontchartrain, les amis de la Bruyère, me ferait pencher pour la négative. Il paraîtrait qu'il finit par un attachement plus sérieux encore et qui même put faire croire à un mariage secret, malgré tout ce qu'il avait écrit contre ces engagements et contre leurs entraves. C'est mademoiselle de Saillans du Terrail, mariée plus tard à M. de Saurois, trésorier de l'extraordinaire des guerres, et dont la fille épousa le duc de Brissac, qui, à ce qu'il paraît, l'aurait ainsi définitivement enchaîné. « On avait cru, lit-on dans les *Mémoires*, cette demoiselle mariée avec M. de la Bruyère qui a fait les *Caractères de Théophraste* et qui était un homme de beaucoup d'esprit; mais, à sa mort, il ne se trouva pas de contrat de mariage. »

Voilà déjà trois attachements à peu près certains, et, pour un moraliste, c'est assez, ce me semble. Peut-être en cherchant bien pourrait-on encore lui en trouver d'autres. Il connaissait, en effet, beaucoup de femmes près desquelles son esprit devait le faire parvenir, surtout lorsqu'après la publication de son livre il fut devenu un auteur à grand succès.

---

[1] Tome II, page ~~225~~ 250

Notre ami M. Victor Luzarches, de Tours, possède un exemplaire de la septième édition des *Caractères*, donné par l'auteur, comme présent d'amitié, à l'une des femmes qui le recevaient ainsi avec une certaine intimité. C'était une des préférées sans doute; car, en outre de cet exemplaire, il lui en avait fait don d'un autre encore. On le voit par la mention qui se trouve sur la garde du livre. C'est la dame elle-même qui l'a écrite, et, comme vous allez le voir par sa mauvaise orthographe, c'était une dame de qualité :

« Monsieur,

« Je vous prie de recevoir ce livre il vient de l'auteur qui man a donné deux dont je vous en nanvoie eun.

« Je suis vostre servente tres h.

« M. M. »

X

Une personne me disait que ces deux initiales pourraient bien, d'aventure, être celles de mademoiselle Michalet, la fille du libraire dont le livre de la Bruyère fit la fortune; c'est très-peu probable. Rien ne me dit d'abord qu'elle s'appelât *Marie* ou *Madeleine*, etc. Et d'ailleurs, comment croire que la Bruyère eût donné deux exemplaires de son livre à la fille du marchand chez lequel il se vendait?

Puisque j'ai nommé la petite Michalet, je ne veux pas la quitter sans revenir sur la touchante histoire du présent tout autrement précieux que lui fit vraiment la Bruyère. C'est un fait déjà bien connu, depuis que Peignot et M. Walckenaër l'ont reproduit d'après Formey, qui le raconta le premier dans le *Recueil des Mémoires de l'Académie de Berlin*[1]; mais il est bon à reprendre ici, et d'ailleurs, j'aurai, je crois, à le compléter par un détail assez intéressant.

« M. de la Bruyère, dit Formey, venait journellement s'asseoir chez un libraire nommé Michalet, où il feuilletait les nouveautés et s'amusait avec un enfant fort gentil, fille du libraire, qu'il avait pris en amitié. Un jour, il tire un manuscrit de sa poche, et dit à Michalet : — Voulez-vous imprimer ceci (c'étaient les *Caractères*)? Je ne sais si vous trouverez votre compte; mais, en cas de succès, le produit sera pour ma petite amie. Le libraire, plus incertain de la réussite que l'auteur, entreprit l'édition; mais à peine l'eut-il exposée en vente, qu'elle fut enlevée, et qu'il fut obligé de réimprimer plusieurs fois

[1] 1786, 1787, in 4°, p 19.

ce livre, qui lui valut deux ou trois cent mille francs. Telle fut la dot imprévue de sa fille, qui fit dans la suite le mariage le plus avantageux, et que
M. de Maupertuis avait connue. »

L'authenticité de cette charmante anecdote ne paraît pas douteuse, aussi
personne n'en a douté. Quelque fait nouveau venant lui servir de preuve n'aurait
pourtant pas été à dédaigner, et je m'étonne que l'on ne s'en soit pas tout d'a-
bord enquis. Il restait d'ailleurs à savoir le chiffre exact de la riche dot pro-
duite par la vente des premières éditions des *Caractères*, enfin le nom du
mari, qui fut un *parti si avantageux* pour la petite Michalet. J'ai découvert
tout cela, sans le chercher beaucoup, dans un livre que M. Walckenaër a mille
fois feuilleté pour son *Histoire de la vie et des ouvrages de la Fontaine*,
même pour son édition de la Bruyère, et dont une seule page lui a peut-être
échappé, celle où se trouvent groupés en quelques lignes tous ces détails curieux. Ce livre, c'est celui que j'ai déjà cité tout à l'heure, c'est *Pluton maltôtier* [1].

Lacour-Deschiens, le fameux financier, est en train de passer en revue tous
les gens dont il a fait la fortune ou dont il a vu la chute. « Je vois, d.t-il,
Charles Remy, mon porte-nom. Que le voilà bouffi depuis que je l'ai introduit dans les affaires sous le nom de Juli et que je lui ai fait gagner de
grandes sommes ! Il a si bien conduit sa barque, qu'il est devenu, comme
moi, secrétaire du roi, qui est la lessive que nous nous donnons ordinaire-
ment pour un peu dépayser notre naissance : aussi je lui fis épouser la fille
de Michalet le libraire, dont il a eu en mariage plus de cent mille livres argent comptant. »

Tout cela est vrai, sauf la vanité enflée que l'envieux Deschiens prête ici
gratuitement au mari de mademoiselle Michalet. Renseignement pris, il se
trouve que *Juli* ou de *Juilly*, qui, en 1708, figure réellement sur *la liste de
MM. les conseillers secrétaires du roy, couronne de France et de ses
finances*, et qui logeait à la porte Montmartre [2], était le plus simple et le
plus honnête des gens de finance. Il est le seul qui ne soit pas maltraité dans
un libelle du temps qui les passe tous en revue et qui les fustige vertement
au défilé [3]. Voici ce qui le concerne : « Remi de July avoit commencé sa fortune dans les plus petits emplois, mais son assiduité l'a fait parvenir aux premiers postes de la finance. Il fut sous-fermier dans les aides, et fermier gé-
néral en 1721. Il avait une grande probité, et il était l'homme du monde le
plus droit et le plus uni. »

[1] Page 168.
[2] *Almanach royal*, 1708, p. 69.
[3] *Origines, noms, qualités des fermiers généraux*, à la suite de la *Vie privée de
Louis XV*, t. 1, p 260.

XI

Il me semble que, dans ce choix si convenable fait par mademoiselle Michalet, je retrouve les conseils et la main prudente de la Bruyère, qui aurait ainsi ajouté encore au bienfait de cette dot si généreusement donnée, en prenant la peine d'en surveiller le premier emploi, ou, pour mieux dire, le placement. Je ne vois rien qui puisse en cela me contredire. Il n'était pas mort quand la fille du libraire fut en âge de se marier. Comme ancien trésorier de Caen, il avait dû garder des relations dans la finance et, par conséquent, se trouver en rapport avec July; d'un autre côté, il avait pu le connaître aussi chez les Pontchartrain.

La Bruyère n'avait pas cessé d'y aller chaque fois qu'il se trouvait à Paris, et je me le figure même partageant ses loisirs entre leur hôtel et la maison de madame de Belleforière qui en était proche. Elle demeurait rue Sainte-Anne, auprès de la rue Neuve-Saint-Augustin, et l'hôtel Pontchartrain se trouvait, comme vous savez, à la place du Théâtre Italien.

Cette puissante amitié fut bientôt d'un très-grand secours pour la Bruyère, c'est par elle qu'il parvint à l'Académie. On niait son talent. Son livre n'était considéré que comme une sorte de pamphlet moraliste, dont tout le mérite était dans l'à-propos des portraits, et qui mourrait du jour où la disparition successive des originaux ne permettrait plus de juger des ressemblances. En un mot, n'ayant que ce seul ouvrage en main, il était impossible qu'il fût reçu de bon gré. Il fallait, pour enlever son élection, la force de quelque protection toute-puissante. La Bruyère se jugea, se trouva digne, et dès lors ne recula point devant les moyens qu'on le forçait d'employer. Une première fois, en 1691, malgré l'appui des Condé, qui lui valut environ huit voix, dont celle de Bussy lui parut être une des plus précieuses [1], il échoua. Mais, deux ans après, Pontchartrain se mit de la partie pour le faire réussir; il tenta les mêmes efforts que peu d'années après il devait recommencer pour le pauvre La Loubère, et dont le succès lui attira l'épigramme de Chaulieu :

> . . . .
> Il en sera, quoi qu'on en die.
> C'est un impôt que Pontchartrain
> Veut lever sur l'Académie.

D'un autre côté, l'abbé Régnier, secrétaire perpétuel de l'Académie, avec qui la Bruyère était lié, et auquel il devait la bienveillance de Ménage [2]; Bossuet, Racine, Boileau se coalisèrent, et l'élection fut emportée.

[1] Voyez sa lettre à Bussy et la réponse de celui-ci. (*Revue rétrospective*, 31 octobre 1836, p. 136, 137.)

[2] Voyez la lettre de la Bruyère à Ménage, publiée pour la première fois dans l'édition

Une des lettres écrites alors par Pontchartrain aux académiciens sur lesquels il savait avoir de l'influence a été retrouvée. Elle n'a été publiée qu'une seule fois [1], et l'on ne l'a jamais réunie aux renseignements qu'on possède sur la Bruyère. Il sera donc curieux de la reproduire. Elle est adressée à Renaudot : « Comme j'ai toujours beaucoup compté, lui dit Pontchartrain, sur l'amitié que vous m'avez si souvent témoignée, j'ai cru, monsieur, que vous voudriez bien faire quelque chose à ma recommandation, et me permettre de vous solliciter en faveur de M. Bignon et de M. de la Bruyère pour remplir les deux places vacantes à l'Académie française. Comme l'esprit et le mérite de ces deux messieurs ne vous sont pas inconnus, et que vous en êtes beaucoup meilleur juge que moi, je ne ferai point ici leur éloge. J'ose me flatter que vous aurez quelque égard à ma recommandation et que vous me donnerez votre voix. Je vous serai infiniment obligé. Je suis, monsieur, votre très-humble et très-obéissant serviteur. — PONTCHARTRAIN. — Versailles, 18 avril 1693. »

Il faut le dire pour la honte de ce temps, auquel on n'aurait pourtant pas cru devoir reprocher une faute pareille contre l'intelligence et le goût, l'élection de la Bruyère fut un scandale et on l'accueillit par des huées Libelles, chansons, épigrammes, tout se déchaîna. De celles-ci, il en est une qui a été bien souvent reprise, dont bien des fois on a retrempé la pointe, et qu'on ne s'attendait certes pas à voir essayer d'abord contre un homme comme la Bruyère. Elle eût mérité d'en rester à tout jamais émoussée. Boursault, qui la fit peut-être, car il devait garder rancune à l'auteur des *Caractères* pour le portrait de *Capys*, dans lequel on l'avait reconnu, est le premier qui l'ait donnée, en la faisant précéder de quelques lignes où il explique, entre autres choses, comment, en sa qualité d'ancien trésorier de France à Caen, la Bruyère était considéré et moqué comme s'il eût été Normand : « Enfin, monseigneur, dit-il à l'évêque de Langres [2], on reçut lundy à l'Académie françoise, Monsieur... qui briguoit cette place depuis si longtemps. Vous savez combien il a été obligé de franchir de difficultez avant que d'y arriver et de quelle autorité il a fallu se servir. Comme il est d'un pays où la clameur de *haro* est en usage, on dit que, deux heures avant sa réception, messieurs de l'Académie trouvèrent cette épigramme sur leur table :

> Quand pour s'unir à vous Alcippe se présente,
> Pourquoy tant crier haro?
> Dans le nombre de quarante
> Ne faut-il pas un zéro? »

---

si excellente des *Caractères* publiée par M. Destailleurs dans la *Bibliothèque elzévirienne* de P. Jannet.

[1] *Athenæum*, 3 décembre 1855.

[2] *Lettres nouvelles de M. Boursault*, 1703. in-12, t. II, p. 171.

Vous voyez qu'on parle ici des influences « *de l'autorité dont il a fallu se servir.* » Les chansons et les épigrammes y reviennent toutes aussi. On accuse principalement le secrétaire perpétuel :

> Oui, c'est, hélas ! à ses soins, à ses ruses
> Qu'on doit ce choix odieux et fatal ;

ou bien l'on retombe encore sur le nouvel élu :

> Dans son fichu compliment,
> Il dit effrontément
> Qu'il n'avait pas brigué sa place.
> Cet endroit fut assez bouffon [1].

Le discours, que vous trouvez là si poliment qualifié, mit le comble à l'irritation. Avant, c'étaient des colères; après, ce furent des fureurs. La Bruyère s'y était fait un bienveillant devoir de remercier par des éloges le parti qui l'avait porté, et un malin plaisir de tourmenter celui qui l'avait rejeté. Il poussa jusqu'à l'injustice sa malicieuse vengeance. Ainsi, pour satisfaire son désir de désespérer Fontenelle et sa coterie, il sacrifia Corneille. C'était trop. Son discours, quoique fort beau, n'eut donc que peu d'approbateurs. « Il est vrai, dit l'abbé d'Olivet au président Bouhier dans une lettre restée jusqu'ici inconnue [2], il est vrai que le discours de la Bruyère déplut beaucoup. Ceux mêmes qu'il avait le plus loués s'en plaignirent par considération pour ceux qu'il avait laissés dans l'oubli. Th. Corneille, associé avec de Visé pour le *Mercure galant*, donna des griffes à la Bruyère. » Mais la Bruyère le leur rendit bien, ainsi qu'à Fontenelle.

Celui-ci ne passa jamais condamnation sur ce discours, quoi qu'on pût faire pour qu'il en oubliât les malices et consentît à en admirer les beautés : « Je n'en connais guère d'aussi beaux, dit l'abbé Trublet, et je n'ai pas craint de le dire plus d'une fois à M. de Fontenelle même. J'avoue qu'il n'était pas de mon avis; mais il avait ses raisons, ou plutôt ses motifs. »

Avant tous ces démêlés, la Bruyère et le neveu de Corneille avaient été longtemps en très-bonne intelligence. Ils se voyaient chez Pontchartrain, qui les avait l'un et l'autre pour correspondants [3]; ils s'aimaient, ils se donnaient leurs livres, ils étaient presque amis. Cette dispute brouilla tout et pour toujours.

On a retrouvé une lettre qui fait foi de ces bonnes relations. Elle est de la Bruyère [4]. Il écrit à Fontenelle, le 11 décembre 1687, pour le remercier de

---

[1] *Recueil de Maurepas.* t. VII, p 431.

[2] *Catalogue des autographes de M. Parison,* p. 66, nᵒ 491.

[3] *Bulletin des Comités,* p. 60.

[4] *Catalogue d'une vente d'autographes* faite le 31 janvier 1854, p. 69; nᵒ 556.

l'hommage qu'il lui a fait de son livre des *Oracles*, « où il s'est montré poëte, philosophe et écrivain du premier mérite. » Puis, après beaucoup d'autres paroles aussi flatteuses, il termine en s'excusant de ne lui avoir pas répondu plus tôt. J'en ai été empêché, dit-il, « par une paralysie au bras droit que j'ai eue ces jours passés, qui me cause de grandes douleurs et qui me fait regretter de ne pouvoir vous écrire plus longtemps. »

Phrase douloureuse, car elle est déjà comme un présage de la mort qui le foudroya quelques années après.

ÉDOUARD FOURNIER.

Extrait de la REVUE FRANÇAISE.

Numéros des 10 et 20 janvier 1857.

PARIS. — IMP. SIMON RAÇON ET COMP., RUE D'ERFURTH, 1.